MOYENS

PROPOSÉS

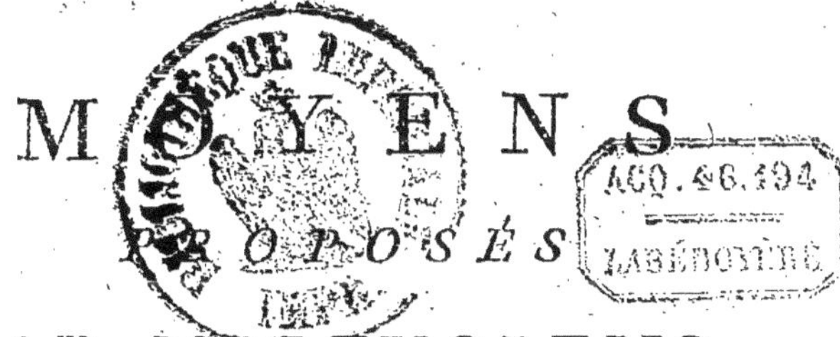

PAR MALEVOLENS,

JOUEUR A LA BAISSE,

Pour la prompte liquidation de la dette publique de France.

Il vient de m'être adressé un plan de liquidation de la dette publique, par le citoyen MALEVOLENS ; je ne suis pas en état d'en apprécier le mérite , mais je crois devoir le soumettre au public par la voie de l'impression ; c'est le moyen de mettre à profit les idées de l'Auteur du projet , si elles sont bonnes, ou de le forcer au silence et à l'inaction, si ses propositions sont trouvées dangereuses.

Paris, le 4 Prairial an 5e.

Signé, LAURENT.

MOYENS
PROPOSÉS

PAR MALEVOLENS,
JOUEUR A LA BAISSE,

Pour la plus prompte liquidation de la dette publique de France.

DEPUIS long-tems je prêche inutilement qu'il faut diviser les créanciers de rentes sur l'état en deux classes, et subdiviser encore ces deux classes en plusieurs autres.

La première classe serait celle des rentiers qui ont versé leurs capitaux au trésor public avant la création du papier-monnoie.

La seconde serait celle des rentiers qui sont devenus créanciers de l'état depuis 1790.

La première classe me paraissait divisible en autant de fractions qu'il y avait eu d'emprunts, soit viagers, soit perpétuels à différens taux, afin de proportionner les rentes à payer à la valeur capitale réellement fournie, sans aucun égard à la fixation d'intérêts ou arrérages déterminés par les contrats constitutifs.

La seconde classe devait, à mon avis, et bien plus raisonnablement encore, se diviser à l'infini, comme les cours successifs du papier-monnoie, et de manière que chaque rentier n'eût réellement à prétendre qu'une somme de rente relative au cours du papier-monnoie, à l'époque où il est devenu créancier de l'état.

Par ces ingénieuses distinctions, on faisait une grande économie en finance, et on retranchait presqu'en entier du grand livre certaines parties de rentes qui, dans des momens de crise, ont été données à bas prix en échange de subsistances, et qui forment bien un objet de 11 millions sur les 3oo millions de rente, ou environ, dont se compose la dette publique.

Mais on m'a observé,

1°. Que ces sortes de distinctions étaient indignes de la bonne-foi d'une grande nation qui, dans l'accomplissement de ses promesses, ne doit consulter que la teneur de ces promesses elles-mêmes, indépendamment des circonstances qui les ont accompagnées.

2°. Que la Nation s'érigeant ainsi en juge dans sa propre cause, et rescindant elle-même, et de sa seule autorité, les contrats passés entr'elle et ses créanciers, anéantirait pour jamais ses droits à la confiance publique, et foulerait aux pieds son propre crédit.

Les deux considérations qui précèdent ne m'auraient pas infiniment touché, si on n'y eût ajouté celle-ci; savoir,

Que les distinctions projettées n'étaient

pas praticables dans l'exécution ; or, voici par quel exemple on m'a démontré l'impossibilité de cette exécution.

« Toutes les rentes, sans exception,
» sont représentées par des inscriptions
» au grand livre, dont le titre est absolu-
» ment uniforme, et ne porte aucun in-
» dice, aucune marque extérieure qui
» rappelle l'origine de la rente.

» Supposons, a-t'on dit, un propriétaire
» de 12000 livres de rente, composées,
» savoir,

» Trois mille six cents livres de rentes
» anciennes,

» Et 8400 liv. de rentes acquises en 1795.

» Ce propriétaire a transporté ses 12000 l.
» de rentes à un tiers, au nom duquel on
» a délivré une nouvelle inscription.

» La nouvelle inscription a confondu
» dans la même main la rente ancienne et
» la rente nouvelle, et l'une et l'autre
» rente sont représentées sans distinction
» par le nouveau titre, quoique dans l'o-
» rigine les trois dixièmes des 12000 l. de
» rentes cédées fussent d'ancienne créa-
» tion, et les sept autres dixièmes de créa-
» tion moderne.

» Le nouvel acquéreur inscrit pour
» 12000 liv. de rente, vend à son tour une
» coupure de son inscription, de 5000 liv.
» par exemple, à une autre personne.

» Cet autre cessionnaire de 5000 liv. de
» rente à prendre dans une inscription de
» 12000 livres, dont les trois dixièmes
» étaient d'ancienne, et les sept dixièmes
» de nouvelle origine, réunit lui-même
» cette coupure de 5000 l. à une autre par-
» tie de 6000 liv. de rentes d'ancienne
» création, et il vend à son tour, tant la
» coupure de 5000 liv. que la partie de
» 6000 liv., à un troisième acquéreur au-
» quel on délivre encore une inscription
» nouvelle de 11000 liv. de rentes, com-
» posées par conséquent pour les six onziè-
» mes de rentes anciennes, et pour les
» cinq autres onzièmes de rentes mêlées
» dans la proportion de sept dixièmes à
» trois dixièmes.

» Un nouvel alliage s'opère dans les
» mains de ce troisième acquéreur par la
» réunion d'une autre partie de rentes de
» 10000 liv., par exemple, de nouvelle
» origine; et il vend à la fois, tant les 11000 l.

» de rente qu'il vient d'acheter, que les
» 10000 liv. de rente qu'il avait d'ailleurs;
» ce qui produit encore une autre inscrip-
» tion de 21000 liv., dans lesquelles il y a
» six vingt-unièmes de rentes anciennes,
» cinq vingt-unièmes assortis en anciennes
» et en nouvelles dans le rapport de 3 à
» 7, et dix vingt-unièmes en rentes nou-
» velles.

» Pour peu qu'il succède de nouvelles
» mutations et de nouveaux mélanges à
» ceux qu'on vient de rapporter, que les
» coupures se multiplient, et que les par-
» ties anciennes se mésallient avec les nou-
» velles dans des proportions un peu com-
» posées ; il faudrait être bien habile pour
» assigner en définitif à chaque coupure
» la part de faveur ou de disgrace qui lui
» reviendrait, selon les différentes natures
» qui entrent dans sa composition.

J'ai bien compris, par cet exemple,
qu'il seroit difficile, ou pour mieux dire
impossible, de suivre exactement et dans
toutes ses parties, la trace de l'origine d'une
rente dont le titre circule ainsi sur la foi
publique, sans aucun signe de privilège ou

(9)

de réprobation; et pour trancher la diffi-
culté, j'aurais voulu qu'en cas de confusion
et de mésalliance de rentes anciennes avec
les nouvelles, les porteurs de ces titres mêlés
fussent tenus du soin de débrouiller leur
généalogie, à peine de subir la proscription
commune ; et je me suis rappellé , à cette
occasion, le procédé d'un certain général ,
chargé par Louis XIV d'aller mettre à la
raison les Protestans révoltés dans le Midi;
arrivé avec ses troupes dans une ville habi-
tée par des protestans et par des catholiques,
et la ville déclarée en état de rébellion ,
le général donna ordre de faire feu sur les
protestans ; comme ceux-ci ne pouvaient
être distingués par aucun signe patent et
extérieur , les officiers et les soldats firent,
en faveur des catholiques, l'observation du
danger de la confusion et de l'embarras du
choix; mais le général les mit à l'aise en
leur répondant :
» Tuez toujours ceux qui se présenteront,
» le bon Dieu choisira bien les siens.
Cette manière de résoudre un cas difficile
m e paraissait assez applicable à l'embarras-
sante amalgame des rentiers nouveaux et des

rentiers anciens ; cependant , j'ai fini par reconnoître que le procédé était un peu trop militaire pour entrer dans le plan d'une opération de finances.

J'ai donc renoncé à toute distinction , et je m'y suis décidé d'autant moins péniblement qu'il m'a été démontré que les acquisitions faites jusqu'à présent en vertu des lois des 16 brumaire et 9 germinal derniers, absorbant déja, par la portion de leur prix payable en inscriptions, plus de 300 millions en capital , le paiement du prix de ces acquisitions doit éteindre à peu-près toute la dette de création nouvelle, et rendre par conséquent leur distinction sans objet.

Mais il m'est venu une autre pensée non moins heureuse ni moins civique , et peut-être plus propre à opérer rapidement l'amortissement de toute la dette.

Cette pensée est simple , et l'exécution en est facile.

La voici :

Je demande qu'on prenne pour règle de la fixation du capital d'une rente quelconque, sans plus de distinction d'anciennes et de nouvelles , la valeur de cette même rente au cours de la place à l'époque du dernier transfert qui en a été fait.

Par exemple, hier le cours des rentes étoit à 24 liv. pour 100 du capital originaire ; ainsi 10000 liv. de rentes transférées hier, et qui représentaient un capital originaire de 200000 liv. ne représenteront plus qu'un capital de 4800 l. ; au moyen de quoi si, au jour de la loi qui consacrera ma pensée, il y avoit 15 ou 20 millions de rentes nouvellement transférées, représentant ci-devant 3 ou 400 millions en capital, ces 3 ou 400 millions ne figureront plus au grand livre que pour un capital de 96 millions produisant, au lieu de 20 millions de rentes, quatre millions huit cent mille l. de rente seulement.

Je serais bien trompé si, le lendemain de cette loi salutaire, au trésor public, toutes les rentes qui, avant la loi, étaient au cours de 24 pour 100, ne tombaient pas de 24 à 12 pour 100, ne fût-ce que par la crainte d'une seconde loi semblable à la première, pour les transferts ultérieurs à cette première loi.

Alors et après que le nouveau cours de 12 p. 100 aurait pris sur la place une certaine

consistance, et serait devenu la valeur no-
toire et commune des rentes sur l'état,
ce serait bien le cas de proposer une loi
nouvelle toute aussi juste que la première,
portant que les rentes transférées depuis
cette première loi, ne seront plus inscrites
au grand livre que pour leur valeur réelle,
au cours de la date des transferts.

Ce serait aussi le cas d'autoriser le directoire à fixer le cours des rentes de 5 jours
en 5 jours, et de déclarer qu'à mesure de
nouveaux transferts, les nouvelles inscriptions ne seraient faites et délivrées, tant
en capital qu'arrérages, que sur le pied du
dernier cours fixé par le directoire.

Ce serait le cas de déclarer que les
inscriptions, aujourd'hui admissibles au
pair en paiement de biens nationaux, ne
seraient plus reçues que sur le pied de leur
cours légal, au jour de leur remise effective.

On comprend de reste que, par de sem-
blables résolutions, le cours des rentes flé-
chirait chaque jour davantage, et arrive-
rait bientôt au point de représenter à peine
un pour cent de leur valeur originaire.

C'est alors qu'il interviendrait une résolution qui en fixerait invariablement le cours à 20 s. pour 100 l., et en ordonnerait la conversion en bons admissibles en paiement de biens nationaux.

Ces bons se négocieraient à peu-près comme aujourd'hui les bons d'arrérages baptisés *trois quarts*, lesquels méritent doublement cette dénomination, puisqu'ils perdent sur la place environ les *trois quarts* de leur valeur nominale.

Le compte des rentiers sera, comme on voit, bien-tôt fait; mais ce n'est pas là mon affaire :

Faisons le compte de la nation.

Si elle doit 3 milliards en capital, ces 3 milliards réduits, au moyen des *mesures législatives* dont nous venons de tracer l'ordre et le plan, à 30 millions seulement, n'absorberont que 30 millions de biens nationaux; l'Etat sera liquidé en entier; tous les biens nationaux qui restent à vendre, et notamment ceux de la Belgique, seront intacts; et la France sera enfin dégagée pour jamais de sa dette publique, cet importun fardeau, qui fit toujours le désespoir des gouvernans ; le mécontentement des gouvernés, et qui, tôt ou tard amene la ruine des empires, quand ceux qui en tiennent les rênes mettent trop de scrupule dans le choix des moyens de libération qu'on leur présente.

Le mérite particulier de ce plan, c'est la rapidité de sa marche. Je suis persuadé qu'en peu de mois son effet s'accomplira, et que les inscriptions disparaîtront de la surface de la France, à peu près comme les mandats, avant deux saisons révolues.

Tel est mon plan de liquidation.

Sera bien adroit, sans doute, celui qui en trouvera un meilleur, sur-tout si, pendant l'exécution, quelque bonne guerre civile ou extérieure, ou quelque autre malheur public vient, selon mes vœux, en accélérer le mouvement.

Je ne dissimule pas que je trouverai mon compte personnel dans l'accomplissement de ce projet ; car, en spéculateur citoyen, j'ai toujours l'attention de suivre dans mes opérations privées, la route du bonheur

(15)

commun, et de ne jamais séparer, dans
ma pensée, le soin de ma fortune particu-
lière, d'avec celui de la fortune publique.

Signé, MALEVOLENS.

De l'Imprimerie de Renaudiere, rue Croix-des-
Petits-Champs, n°. 69.

www.ingramcontent.com/pod-product-compliance
Lightning Source LLC
LaVergne TN
LVHW010108060726
842524LV00006B/2396